EMG3-0096
合唱楽譜<J-POP>

J-POP
CHORUS PIECE

合唱で歌いたい！ J-POPコーラスピース

混声3部合唱

涙そうそう

作詞：森山良子　作曲：BEGIN　合唱編曲：浅野由莉

JN219789

••• 演奏のポイント •••

♪ハーモニーの美しさを感じながら歌いましょう。それぞれのパートとよく聴き合いながら、しっかりハーモニーをつくりましょう。

♪曲の雰囲気を感じ取り、レガートに歌いましょう。また、言葉のアクセントや子音の発音を意識して歌い、豊かな表現へ繋げましょう。

♪ピアノは、懐かしい雰囲気を出すよう、表現を工夫しましょう。強いタッチにならないよう気をつけ、そよ風が流れるような感じで優しくなめらかに弾きましょう。

【この楽譜は、旧商品『涙そうそう（混声3部合唱）』（品番：EME-C3064）とアレンジ内容に変更はありません。】

ELEVATO
MUSIC ENTERTAINMENT

涙そうそう

作詞:森山良子　作曲:BEGIN　合唱編曲:浅野由莉

9
つぶ やい た い つも い つも むね の なかー は げまし て く れる ひと
つぶ やい た い つも い つも むね の なかー は げまし て く れる ひと
mp
Hum. La la la la Hum.
Gm C F C/E B♭ F B♭ F F♯dim Gm C7
14
B
よ はれ わ た る ひ も あ め のひ も う か ぶ あの え が
よ Hum. Hum.
mf
はれ わ た る ひ も あ め のひ も
F B C/E Cm/E♭ F B♭ F Gm
18
お おもいで と お く あ せ てー も お もか
え が お Hum. お もか げ
おもいで と お く あ せ て も
C C7/B♭ Am D7 B♭ F B♭ F

22
げ よ みが える ひ は なだ そう そう
さ がし て よ みが え る ひ は なだ そ う そう
さ がし て なだ そ う そう
B♭ F B♭ F F♯dim7 Gm C7 F
26
C
mp
Hum.
mp
La la la la
mf
い ちば ん ぼし に い のるー そ れが わ た し の
F C/E B♭ F B♭ F F♯dim
mf
30
La la la la Hum. あ
Hum. Hum. あ
くせ に なり ゆう ぐれ に みあ げ る そらー こ こ ろ いっ ぱい あ
Gm C F C/E B♭ F B♭ F F♯dim7

34
mf
D
なた さが す かなしみ にも よろこ びにも
なた さが す かなしみ にも よろこ びにも
なた さが す かなしみ にも よろこ びにも おも
Gm C7 F D C/E Cm/E♭ F B♭ F
38
おもうあの えが お あなたの ばしょ から わ たしが
おもうあの えが お あなたの ばしょ から わ たしが
う あ の え が お わ た し が
Gm C C7/B♭ Am D7 B♭ F
42
きっといつ か しんじ いきてゆ
みえた ら しんじ いきてゆ
み えた ら きっと いつ か あ える としんじ いきてゆ
B♭ F B♭ F B♭ F F♯dim7 Gm C7

46
f
く
はれわ
F F7/E♭ B♭ F/A Gm7 Gm/C C7 F
f
50
E
たるひもあめのひも うかぶあのえがお おもい
C/E Cm/E♭ F B♭ F Gm C C7/B♭
54
でとおくあせてーも さみしくて こいしくて
でとおくあせても さみしくて こいしくて
Am D7 B♭ F B♭ F B♭ F

F
58
mf
き みへ のおもい なだ そうそう あい たく て あい たく て
mf
き みへ のおもい なだ そうそう あいたくて
mf
き みへ のおもい なだ そうそう Hum. あいたく
B♭ F F♯dim7 Gm C7 F
L.H.
F 8va
B♭ F B♭ F
mf
62
き みへ のおもい なだ そう そう
き みへ のおもい なだ そう そう
て おもい なだ そう そう
B♭ F F♯dim7 Gm C7 F F/B♭ F/A
(8va)
66
riten.
Gm7 B♭/C Gm7/C
riten.
F
mp

MEMO

涙そうそう

作詞:森山良子

古いアルバムめくり　ありがとうってつぶやいた
いつもいつも胸の中　励ましてくれる人よ
晴れ渡る日も　雨の日も　浮かぶあの笑顔
想い出遠くあせても
おもかげ探して　よみがえる日は　涙そうそう

一番星に祈る　それが私のくせになり
夕暮れに見上げる空　心いっぱいあなた探す
悲しみにも　喜びにも　おもうあの笑顔
あなたの場所から私が
見えたら　きっといつか　会えると信じ　生きてゆく

晴れ渡る日も　雨の日も　浮かぶあの笑顔
想い出遠くあせても
さみしくて　恋しくて　君への想い　涙そうそう
会いたくて　会いたくて　君への想い　涙そうそう

MEMO

ELEVATO
MUSIC ENTERTAINMENT

MEMO

ELEVATO
MUSIC ENTERTAINMENT

エレヴァートミュージックエンターテイメントはウィンズスコアが
展開する「合唱楽譜・器楽系楽譜」を中心とした専門レーベルです。

ご注文について

エレヴァートミュージックエンターテイメントの商品は全国の楽器店、ならびに書店にてお求めになれますが、店頭でのご購入が困難な場合、下記PC＆モバイルサイト・FAX・電話からのご注文で、直接ご購入が可能です。

◎PCサイト＆モバイルサイトでのご注文方法

http://elevato-music.com

上記のアドレスへアクセスし、WEBショップにてご注文ください。

◎FAXでのご注文方法

FAX.03-6809-0594

24時間、ご注文を承ります。上記PCサイトよりFAXご注文用紙をダウンロードし、
印刷、ご記入の上ご送信ください。

◎お電話でのご注文方法

TEL.0120-713-771

営業時間内に電話いただければ、電話にてご注文を承ります。